빛이
스며드는
문

빛이 스며드는 문
- 마음과 영혼을 여는 100인의 부르심

1판 인쇄일 2025년 12월 9일
1쇄 발행일 2025년 12월 15일

지은이 _ 천성옥
펴낸이 _ 한치호
펴낸곳 _ 종려가지
등록 _ 제311-2014-000013호.(2014. 3. 20)
주소 _ 서울특별시 은평구 은평로 14길, 9-5
전화 _ 02. 359. 9657
디자인 _ 표지 이순옥 / 본문 구본일
제작대행 _ 세줄기획/ 전화 02. 2265. 3749
영영업대행 _ 두돌비(02.964.6993)

값 10,000 원

ISBN 979-11-995535-1-4

ⓒ 2025, 천성옥

잘못 만들어진 책은 구입하신 서점에서 바꾸어 드립니다.
책의 주문 및 영업에 대한 문의는 영업대행으로 해주십시오

두레박시선4

빛이 스며드는 문

마음과 영혼을 여는
100인의 부르심

천성옥 지음

문서시역
종려가지

프롤로그

햇살이 따스하게 스며들던 초봄,
『아버지, 나의 아버지』를 세상에 내놓은 지 얼마
되지 않은 때였다. 그즈음 종려가지의 한치호
목사님께서 내게 제안하셨다.

"성경 인물 백 명에 대한 시를 써보면 어떻겠습니까?"

그 말씀은 내게 한 줄기 빛이자,
동시에 무거운 바람이었다.
감히 성경 속 인물들의 삶을 시로 노래한다는 것—
그것은 두려움이자 부르심이었다.

한동안 망설이다가,
그 길을 걸어보기로 마음먹었다.
시를 쓰기 위해 성경을 더 깊이 읽어야겠다는
결심이 어느새 내 영혼을 흔들고 있었다.

"해보겠습니다."
그 한마디는 조용했지만,
내 안에서는 새로운 불씨가 타올랐다.

가장 먼저 부딪힌 것은 '선택'이었다.
내가 사랑하는 인물들로 채울 것인가,
남녀의 균형을 맞출 것인가,

아니면 시대의 흐름을 따라 구성할 것인가.
그 고민의 시간이 한 달은 족히 걸렸다.

결국 구약에서 신약까지,
시대별로 100인의 인물을 정해 나아가기로 했다.
유난히 길고 무더웠던 2025년 여름,
나는 명성교회 도서관의 고요한 자리에서
그 이름들과 마주 앉았다.

성경 속 인물들은
먼 과거의 인물이 아니라
오늘을 사는 우리 마음 속의 그림자요, 빛이었다.
그들의 이야기를 따라가며
나는 다시 나 자신을 발견했다.

이 시집은 그 여정의 기록이다.
이곳에서 독자 여러분도
당신 안에 살아 있는 '성경의 인물 한 사람'을 만나길
소망한다.

모든 만남은 말씀의 자리에서 시작되었다.
이 책도, 그 만남의 연장선에 있다.

📖 구약 성경 인물

1. 족장시대(창세기) ········· 8
아담, 하와, 가인, 아벨, 에녹, 노아, 셈, 함, 야벳, 아브라함, 사라, 롯, 이삭, 리브가, 에서, 야곱, 라헬, 레아, 요셉, 바로(요셉 시대)

2. 출애굽 ~ 광야시대(출애굽기~신명기) ········· 44
모세, 아론, 미리암, 바로(출애굽시대), 여호수아, 훌, 브살렐, 엘르아살

3. 정복기 ~ 사사시대(여호수아 ~ 사무엘상) ········· 56
갈렙, 라합, 드보라, 바락, 기드온, 입다, 삼손, 한나, 엘리, 사무엘

4. 왕정시대(사무엘상 ~ 열왕기하) ········· 74
사울, 요나단, 다윗, 밧세바, 나단, 압살롬, 솔로몬, 르호보암, 여로보암

5. 포로기/포로귀환기 (다니엘 ~ 느헤미야) ········· 85
엘리야, 엘리사, 이사야, 예레미야, 에스겔, 다니엘, 느헤미야, 에스라, 에스더, 모르드개

구약 • 신약 인물 –
100인으로부터 받은 한 줄 묵상 ········· 166

📖 신약 성경 인물

1. 예수님 탄생 전후(복음서 초기) ·················· 100
세례 요한, 마리아(예수의 어머니), 요셉(예수의 육적 아버지),
시므온, 안나(여선지자), 헤롯 왕

2. 예수님 공생애 관련 인물 ····················· 108
예수, 베드로(시몬), 안드레, 야고보(세베대의 아들),
요한(사도), 빌립, 바돌로매, 도마, 마태,
알패오의 야고보, 다대오, 시몬(젤롯), 가룟 유다,
마르다, 마리아(마르다의 자매), 나사로, 막달라 마리아,
삭개오, 니고데모, 백부장 바리새인,
바울 전의 바울

3. 예수님 십자가 ~ 부활 ······················· 137
가야바, 빌라도, 아리마대 요셉,
베드로의 세 번 부인, 부활 후 도마

4. 사도행전/초대교회 인물 ····················· 141
바울(사울), 바나바, 실라, 디모데, 누가, 아볼로,
브리스길라, 아굴라, 스데반, 빌립(집사), 고넬료,
아그립바, 베레아 사람들, 데메드리오

5. 요한계시록 관련 인물 ······················· 159
사도 요한, 24장로, 일곱 교회 대표자

구약 1. 족장시대(창세기)

나는 때때로 아담이 된다

흙으로 지어진 나는
한때 고요를 품었다

그러나 하늘을 꿈꾸는 숨결이
내 안에서 익어갔다

그날도 나는 알았다
먹어선 안 된다는 것을
하와보다 먼저
내 허기가 손을 뻗었다

선악과는 과일이 아니었다
붉은 판단, 단단한 교만,
익을수록 달콤한 나의 욕망,

하와는 내 밖에 있지 않았다
늘 속삭였다
"보기에 좋고,
지혜롭게 할 만큼 탐스럽지?"

나는 때때로 아담이 된다
하늘을 흉내 내려는 흙심장,
깊이 붉은 불씨 하나
꺼지지 않고 숨 쉬는 존재

바람이 스칠 때마다
흙은 무너졌고,
하나님은 물으셨다

아담아, 너는 어디 있느냐

구약 1. 족장시대(창세기)

나는 때때로 하와를 원망한다

왜 순종하지 못했니,
그 한마디 앞에서
왜 침묵하지 않았니

너의 입술이 열리자
에덴은 닫혔다

네가 씹은 과일은
내 자궁 속에서
고통으로 자라고,

네가 뻗은 손끝이
내 하루의 땀방울로 굳는다

나는 너를 원망한다
한입의 욕망으로
세상이 기울어졌으니까

그러나 거울을 보다
내 입술과 눈동자에서
너를 본다

그 말에 귀 기울이고
그 열매를 삼킨 건
너뿐이었을까

나는 때때로 하와를 원망하며
하와가 된다

구약 1. 족장시대(창세기)

나는 때때로 가인이 된다
– 형제의 얼굴

가인은
자신의 제물이 아니라
형제의 얼굴을 바라보았다

하늘은 대답하지 않았고
침묵은 칼이 되어
그의 가슴을 가만히 찔렀다

질투는 속삭이지 않았다
그저 눈동자 속
그림자처럼 자랐다

나는 안다
나도 때때로 가인이 된다

미움이 마음을 넘을 때
기도는 입술에 머물고,
죄는 눈길보다 먼저 형제를 향해 걸어간다

피는 땅으로 흘렀지만
땅도 하늘도
끝내 아무 말이 없었다

죄는 손끝에서 태어나는 것이 아니라
질투가 미움으로 번질 때
이미 시작되고 있었다

구약 1. 족장시대(창세기)

아벨의 시선
– 나는 아벨이 아니다

나는 들판에 섰다
형보다 먼저 제물을 올린 적 없다
다만 맑게 준비했고
하늘을 바라보았을 뿐이다

내 제단에 불이 내릴 때
나는 고개를 숙였다
하늘은 조용했고
내 안에 기쁨은 작았다

형의 시선을 느꼈다
그림자처럼 불꽃 위에 드리우던
말 없는 날카로움이
가슴을 서늘하게 했다

나는 도망가지 않았다
우리는 형제였으니까
설마 죽일 거라고는
생각하지 않았다

피가 땅을 적시고서야
나는 알았다
죄는 무거운 기도가 있는 곳에도
다가올 수 있다는 것을

나는 아벨이 아니다
그러나 나는
언제든 억울하게 쓰러질 수 있는
누군가의 이름이 된다

구약 1. 족장시대(창세기)

에녹처럼 걷고 싶다
– 발자국이 남지 않은 사람

에녹처럼
죽음을 보지 않고
하나님과 걷는 길이
나에게도 가능할까

그는 들판과 밤길을 걸었으나
흙 위에 발자국을 남기지 않았다

기도는 입술에서 떠나기 전
이미 하늘에 닿았고,

그의 하루는 흙에서 시작됐지만
흙으로 끝나지 않았다

사람들은 몰랐다
그 자리에
아무 흔적도 남지 않았다는 것을

믿음은 흙에 뿌리내리는 것이 아니라
하늘에 뿌리박은
숨결 같은 걸음이다

나도 그렇게 걷고 싶다,
세상을 지나
하나님께 다가가는 사람으로

구약 1. 족장시대(창세기)

나는 노아처럼 살 수 있을까
– 방주를 짓는 시간

비 한 방울 내리지 않는
푸른 하늘 아래,
노아는 묵묵히 방주를 지었다

사람들의 비웃음 속에도
먼 바다 숨결을 듣고
보이지 않는 물비늘을 보았다

믿음이란
아직 오지 않은 약속을
이미 지난 일처럼 붙드는 것

그래서 그는
나무마다 못을 박으며
자기 심장에도
단단히 약속을 새겼다

노아처럼 나도,
흔들리지 않고 걸을 수 있을까

조롱 속에서도
묵묵히 못질하며
구원의 물결을 기다릴 수 있을까

믿음은
한순간 타오르는 불꽃 아닌
어둠 속 꺼지지 않는 불씨

오늘도 나는
내 안에 못 하나를 박는다
조용히, 굳건히

구약 1. 족장시대(창세기)

셈, 침묵의 뿌리

셈은
아버지 노아의 방주에서 나와
먼 땅을 바라보았다

물결이 쓸고 간 자리마다
새 흙냄새가 피어났고
하늘은 여전히
그의 침묵 위에 빛을 부었다

발끝마다 젖은 물이 스며
약속의 땅에 뿌리를 내렸다

그는 아버지의 축복을 등에 지고
침묵 속에 뿌리내렸다

나는 그 침묵을 들으며 눈을 감았다
그가 뿌리 내린 자리마다
나의 기도도 젖어 들었다

구약 1. 족장시대(창세기)

함, 웃음 뒤의 그림자

함은
방주를 떠나
새로운 땅을 밟았다

비가 쓸고 간 자리마다
햇살은 반짝였고,
바람은 웃음처럼
그의 얼굴을 스쳤다

나는 그를 보며
문득 내 안의 웃음을 떠올렸다
그 가벼움 속에
얼마나 많은 그림자를 숨기고 살았는지

함은 몰랐다
웃음 뒤에는 늘 그림자가 따라오고,
그 속에는 언제나
자기 얼굴이 숨어 있다는 것을

나도 몰랐다
그림자란,
어떤 빛보다
더 정직하게 나를 비추는 것임을

그날,
아버지의 취함을 바라보던 그의 눈에
하늘도 땅도
조용히 등을 돌렸다

그 침묵 속에서
나도 조용히 시선을 떨구었다

구약 1. 족장시대(창세기)

야벳 – 넓은 하늘 아래

바다를 향해
넓고 광활한 하늘 아래
야벳은 걸었다

끝없는 수평선 너머
미지의 땅이 기다렸고,
거센 바람은
그의 결심을 부드럽게 밀어 주었다

그는 알았다
믿음은
하늘만 바라보는 눈빛이 아니라,
먼 바람에도 창을 여는 가슴,
그리고 기다리는 발걸음이었다

나는 그의 등을 보며
그 넓음을 따라
내 믿음도 걸었다

거대한 세계를 품은 야벳,
한 뿌리로 조용히 섰다

그 땅은
그의 발이 아니라
그의 순종이 먼저 디뎠다

구약 1. 족장시대(창세기)

아브라함, 하늘의 별을 세던 밤

아무도 묻지 않았다
그 먼 길을
왜 떠나느냐고

모래는 그의 발자국을 삼키고,
침묵만이 등을 밀었다

밤이면 그는
하늘의 별을 세었다
손끝 닿지 않는 빛들을
가슴으로 끌어안으며

그는
하늘의 침묵 속에서
약속의 불씨를 품었다

나도 그의 밤을 따라
불 꺼진 장막 속에서
눈을 감고 하늘을 본다

그 별빛이,
그와 나를 걷게 했다

구약 1. 족장시대(창세기)

웃는 여인, 사라

밤은 자궁처럼 닫혀 있었고,
하늘은 그 문을 오래 잠갔다

사라는 기도보다 긴 기다림 속에서
울지도 못한 채
시간만 아이처럼 울고 있었다

부서진 믿음의 조각을 안고
그녀는 웃었다
비웃음이었다

나는 그 웃음에서
내 속 오래된 냉소를 보았다
입술로만 믿던 나를

그러나 천사는 그 웃음 너머에서
약속의 이름을 불렀다
"내년 이맘때, 너는 웃으리라"

불신 위로 신뢰가 꽃처럼 피고,
사라는 웃었다
이번엔 눈물이 먼저였다

나도 웃고 싶다,
눈물로 먼저 피어나는
그 웃음을

구약 1. 족장시대(창세기)

불타는 뒤안길 – 롯을 따라

소돔은 불탔다,
롯이 초장을 택한 그때부터
불씨는 이미 숨 쉬고 있었다

물가와 도시의 불빛을 사랑했고,
천사의 손이 그를 이끌 때조차
그림자는 성벽에 남아 있었다

롯의 아내는 돌아보았고
그는 산으로 올랐다
그러나 마음은 여전히
불타는 성을 향해 머물렀다

나는 문득,
내 발끝에 묻은 욕망의 재를 본다
재 위에 걸린 마음,
아직 떠나지 못했다

재와 그림자 사이,
돌처럼 굳은 마음으로
발끝 하나를 내민다

구약 1. 족장시대(창세기)

우물의 사람, 이삭을 따라

침묵으로 자랐다, 우물 곁에서
한 생애를 판 그는

아버지의 칼날을 본 눈으로
하늘을 외면하지 않았다
자신이 제물이 될 수 있다는 것을
어린 나이에 아는 일
그것은 기도보다 깊은 침묵이었다

양 대신 살아난 그는
다시는 누구도 제물 삼지 않았다
땅을 빼앗기고 우물을 메워도
다시 조용히 팠다

나는 돌아본다
이삭이 남긴 침묵 위에
내 마음의 손끝을 올려본다

사랑은 눈물 위로 스미고,
믿음은 땅 속에서 길어 올린다

가장 조용한 사람만이
깊은 우물을 남긴다
그 속엔 물, 침묵, 상처,
믿음과 화해가 흐른다

이삭의 생은
끝까지 파낸 자만
얻을 수 있는 서사다

구약 1. 족장시대(창세기)

두 물동이
– 리브가의 고백

물을 긷기 위해 나갔다
그날, 손끝으로 운명을 길어 올렸다

이방인의 낙타에게 물을 주던 손이
남편의 침묵과 아들들의 대립까지
모두 품었다

두 개의 물동이
하나는 사랑, 하나는 침묵
나는 그 짐을 어깨에 올리고
묵묵히 걸었다

속고 속이며
내 이름은 작아졌고
기도는 더 깊어졌다

나는 묻는다
처음 내 손에 들린 물동이는
누구를 위한 것이었을까
사랑이었을까, 사명의 시작이었을까

사랑은 선택,
믿음은 감당이었다
물 한 동이가
약속의 씨앗이 되었다면
나는 기꺼이 다시
그 짐을 어깨에 올리리

구약 1. 족장시대(창세기)

형이라는 이름으로
– 에서를 따라

사냥감을 들고 돌아왔을 때
나는 이미 잃고 있었다
짐승의 가죽보다
더 쉽게 벗겨진 축복

동생은 손으로,
어머니는 눈빛으로
아버지의 마음을 훔쳤다

나는 울었다
울지 않는 자라 불렸지만
그날, 가장 깊은 울음을
삼켜야 했다

축복은 지나가고
분노만 남은 칼이
형제 사이에 자라났다

나는 한때
화를 키우는 것이
잊는 것보다 쉽다는 걸 배웠다

그러나 시간은
분노도 먹고,
형제도 다시 만나게 했다

나는 그를 안았다
잊지 못한 날을
용서할 수 있는 날로
바꿔보려 했다

그리고 알게 되었다
축복은 빼앗겼지만
용서는
내가 내 손으로
끝까지 지켜낸 것임을

구약 1. 족장시대(창세기)

이름을 건 밤
- 야곱과 나

나는 붙잡고 있었다
형의 발뒤꿈치를,
거짓을,
두려움까지도

도망은 길었고
침묵은 더 길었다
돌베개 하나,
하늘로 닿은 사다리 하나

아내의 눈에서
아버지를 떠올렸고
외삼촌의 속임수에서
나를 보았다

그렇게
내가 피해 온 모든 것을
조금씩 다시 걸어가고 있었다

그 밤,
강을 건너지 못한 내가
천사와 씨름했다

살고 싶어서,
복을 받고 싶어서
이름을 붙잡고
몸을 던졌다

엎드려 울며 깨달았다
나는 붙잡던 자가 아니라
붙들린 자였음을

하나님은
끝까지
나를 놓지 않으셨다

구약 1. 족장시대(창세기)

비어 있는 팔과 라헬의 기도

그는 나를 사랑했다
그러나 밤은
언니의 이름으로 불렸다

사랑은 내게 있었지만
자리는 내 것이 아니었다

오랫동안
비어 있는 팔로
축복을 기다렸다

누군가의 웃음 속에서
내 눈물이 흘렀고
축복은 언니의 품에 안겼으며
침묵은 내 몸 안에 오래 머물렀다

그래도 나는
그를 향한 사랑을 놓지 않았고
하늘을 향한 기도도
꺾지 않았다

첫 울음이
내 품을 적시던 날
나는 알았다
하나님은
비어 있는 팔조차
잊지 않으시고
응답하신다는 것을

구약 1. 족장시대(창세기)

눈이 약한 여자, 레아의 찬송

그는 나를 보지 않았다
언제나 그녀를 보았다

사랑받지 못한 이름으로
나는 매일 불렸다

"눈이 약하다"는 말은
내 눈을 오래 바라본 이가
없다는 뜻이었다

르우벤, 보라, 아들 —
남편의 시선 대신
하늘의 눈이 나를 보았고

시므온, 듣는다 —
하나님이 내 울음을 들으셨다

레위, 연합 —
그분이 내 외로움에 손을 얹으시고

유다, 찬송 —
나는 비로소 하늘을 올려다보았다

나는 사랑받지 못한 여자가 아니라,
하늘의 눈에 머문 여인이었다.

그녀의 눈물이 속삭인다
"너는 지금 누구의 시선 속에 살고 있느냐?"

구약 1. 족장시대(창세기)

감옥에서 피어난 별, 요셉

나는 형들의 손끝에서
뿌리째 뽑힌 씨앗이었다

꿈은 나를 흔들었고,
그 흔들림은 칼날이 되어 돌아왔다

감옥 벽은 차가웠다
그러나 그 안에서도
빛 한 점은 피어나 있었다

별은 가장 깊은 어둠 속에서도
빛을 잃지 않았다

배신은 나를 따라 다녔고,
용서는 앞서 빛났다

기도는 뿌리 되어 내려갔고 ,
기다림은 돌처럼 단단해졌다

마침내 나는
상처가 아닌 섬김으로
꿈을 이루었고

별들은
걸어온 어둠을 밝히기 시작했다

구약 1. 족장시대(창세기)

기근 앞의 결정
- 바로의 독백

땅은 갈라지고
하늘은 침묵했으나

한 젊은이의 꿈 속에서
내 눈은 내일을 스쳤다

곡식 피지 않는 들판 위
알곡을 쌓아, 생명의 설계가 시작됐다

높은 왕좌, 그러나 지혜는 고요했다
하나님의 숨결, 내 귓가 스친다

구약 2. 출애굽 ~ 광야시대(출애굽기~신명기)

모세, 가시덤불 속의 부르심

어느 날, 광야의 바람 속에서
나는 불타는 가시덤불 앞에 섰다

두려움은 발걸음을 묶고
침묵은 입술을 감췄다

그러나 가시 속 불꽃은
타올라도 꺼지지 않았다

하나님은 내 이름을 불렀고
나는 그 부름에 순종했다

사막과 홍해 사이,
마음은 갈라지고
민족의 울음이 어깨에 드리웠다

매일 새로,
한 걸음씩
믿음을 걸었다

구약 2. 출애굽 ~ 광야시대(출애굽기~신명기)

아론, 내 손이 무엇을 빚고 있나이까

주여,
말 없는 자의 입술을 열어
말하게 하신 주여,

나는 동생 곁에 서서
주의 말씀을 전하였습니다

그러나 두려움에
내 손은 금을 녹여 송아지를 빚었고
그 반짝임이
주의 영광을 가렸습니다

그 손으로 향을 피워
속죄소 앞에 나아가며
백성의 죄를 안았습니다

광야 모래바람 속
무릎 꿇은 내 기도는
주의 임재가 되어
장막에 가득했습니다

주여,
주의 은혜는 부끄러움 속에서도 꺼지지 않고
속죄의 향기를 기억하십니다.

내 손은 지금
무엇을 빚고 있습니까
우상입니까
아니면 주께 드리는
속죄의 향기입니까

구약 2. 출애굽 ~ 광야시대(출애굽기~신명기)

흔들리는 갈대, 미리암 그리고 나

미리암은 강가의 갈대였다

바람에 흔들리고
때로는 부러졌지만

그 노래는 홍해를 가르며
민족의 마음에 새벽을 불러왔다

나 또한 삶의 바람 속에서
흔들리고 넘어졌으나
그 노래 속에 내 마음도 울었고
희망의 새벽을 기다렸다

형제의 불씨가 꺼질 때
미리암은 그 자리에 서서
침묵했고,
눈물로 기도했다

미리암의 이름도
모래 위에 새겨졌으나
때로는 지워졌고

바람은 다시 불었으며
그는 다시 섰다

하나님의 손길이 그의 흔들림을 보았고,
바람 속에서도 그는 끝내 서 있었다

구약 2. 출애굽 ~ 광야시대(출애굽기~신명기)

강퍅한 바로, 흔들리는 나

어둠이 무겁게 내려앉고
메뚜기 떼가 하늘을 덮으며
바람은 분노의 노래를 부른다

그는 돌처럼 굳은 마음으로
깨지려 몸부림치지만

나는 그 완고함 속에
숨겨진 무서운 절망을 본다

하나님의 침묵 속에 감춰진
심판의 숨결이 숨을 고르고
강물은 붉게 물들고
바람은 저항할 수 없는 역사가 되었다

교만한 왕좌 위에
무너져 내리는 권위의 파편들
그를 바라보는 내 마음도
슬픔과 분노로 흔들린다

그러나 이 모든 재앙과 절망 속에서도
자유는 조용히 숨 쉬고,
어둠 뒤편에서 새벽의 빛이 깨어난다

그가 놓은 사슬은 더욱 단단했지만
하나님의 바람은 더욱 거세져
노예들의 노래를 부르고
붉은 강을 넘어 길을 내었다

구약 2. 출애굽 ~ 광야시대(출애굽기~신명기)

불타는 횃불, 여호수아

밤하늘 어둠을 가르며
횃불 하나 홀로 타오른다

그 불꽃은 두려움 속에 깃들어
길 잃은 그림자 위로 번진다

두려움은 무너진 성벽처럼 부서지고
믿음은 별 하나 되어
깜깜한 광야 길을 비춘다

여호수아여,
경계선 위에 서 있는 당신
두려움과 믿음 사이,
하나님의 음성만이
메아리쳐 들려오는 그 자리에서

"강하고 담대하라
내가 너와 함께 하리라"

그 약속 따라
횃불은 꺼지지 않고

어둠 속 길을 밝혀
하나님께로 나아간다

구약 2. 출애굽 ~ 광야시대(출애굽기~신명기)

훌과 나, 믿음의 그림자

바람은 모세의 팔을 따라
떨리는 기도를 옮기고,

훌은 그의 곁에서
들리지 않는
바람의 무게를 들었다

돌기둥 하나로 세운 그 날의 하늘,
쓰러진 믿음도
다시 일어섰고

나의 연약한 믿음도
그 그림자 속에서
조용히 다시 서기 시작했다

노을이 길게 누운 저녁,
훌은 단 한 번도
이 싸움을 자기 것이라 부르지 않았다

그의 침묵이 곧 믿음이었고,
그의 손끝에
하나님의 손길이 머물렀다

구약 2. 출애굽 ~ 광야시대(출애굽기~신명기)

빛이 머무른 손, 브살렐

불꽃 속에서 단련된 쇳물의 숨결
광야 별을 닮은 예술가의 눈동자

여호와의 뜻은
손끝에서 빛의 금실처럼 흘러
휘장과 속죄소 위에
보이지 않는 말씀을 짓는다

그는 도면을 본 적 없으나
하늘의 설계가
묵시처럼 가슴에 새겨졌고
성령의 바람이
그의 망치보다 먼저 일어났다

어느 날,
멈춘 손 위로 영광이 내려앉고
땀 스며든 자리마다
하나님의 이름이 머물렀다

구약 2. 출애굽 ~ 광야시대(출애굽기~신명기)

그림자를 꿰매는 엘르아살

제단 앞,
칼과 피, 향이 뒤섞인
시간의 심장을 어루만지며
그는 숨을 고른다

거룩은 감정이 아니었다.
아버지의 침묵보다
더 무겁고 깊은
율법의 울림이었다

그는 옷을 갈아입고
백성의 죄를 짊어지며
자신의 그림자를 꿰매듯
조용히 성소를 지나간다

구약 3. 정복기 ~ 사사시대(여호수아 ~ 사무엘상)

가장 늙은 청년, 갈렙 그리고

그는
나이로 살지 않았다

여든다섯 무릎에도
사십의 심장이 뛰고 있었다

가장 먼저 약속의 땅을 밟고서도
가장 마지막까지 기다린 사람이다

"헤브론의 산지를 내게 주소서."
그의 눈은
산지가 아니라
그 위에 계신 이를 보고 있었다

많은 목소리의 소란이 아닌,
침묵의 무게로

열둘 중 둘만 남았을 때
그는 백발의 시간 위에
청년의 믿음을 얹었다

갈렙은 묻는다
너는 지금,
몇 살의 믿음을 살고 있느냐

구약 3. 정복기 ~ 사사시대(여호수아 ~ 사무엘상)

라합, 붉은 끈의 시그널

사람들은
그녀를 창녀라 불렀다

그러나 그 불명예의 이름 뒤엔
하늘을 향한 창이 열려 있었다

그녀의 붉은 끈 하나는
도시 성벽보다 단단한 믿음의 실이었고,
사회의 어둠 속에서
빛으로 꿰맨 구원의 약속이었다

무너져야 할 성벽을 바라보며
그녀는 두려움 대신
약속의 끈을 내걸었다

거룩한 족보의 낯선 이름, 라합
그의 용기는
편견과 경멸을 넘어
하나님의 구속의 길목이 되었다

그 붉은 끈은 묻는다
너의 창문에는
어떤 색의 희망이 매달려 있느냐

구약 3. 정복기 ~ 사사시대(여호수아 ~ 사무엘상)

종려나무 아래의 전장, 드보라

그녀는
종려나무 아래 앉아,
전쟁을 이끌었다

칼을 들지 않고도,
칼보다 깊은 말로
바락의 용기를 깨웠다

여인이
집 안에 머물라 했던 세상에서
하나님은
그녀를 산 위로 부르셨다

나 또한
내 안의 두려움과 싸우며
작은 목소리로
내 일상의 전장을 헤쳐 나간다

노랫말 사이사이,
종려의 잎과 칼날을 꿰어
백성을 일으킨 드보라처럼

종려의 그늘 아래
그녀의 이름이 묻는다
"너는 지금
무엇으로 세상을 일으키고 있느냐"

그리고 나도 답하듯 묻는다
"내 믿음과 삶은
어떤 희망을 세우고 있느냐"

구약 3. 정복기 ~ 사사시대(여호수아 ~ 사무엘상)

바락, 바람보다 무거운 검

드보라의 입술에
하늘이 무겁게 내려앉았다

나는 그 입김 앞에
몸을 낮추었다

철의 군대 앞에서도
검이 아닌
하나님의 말씀을 들었다

칼보다 무거운 것은
내 안의 순종이었다

그날,
바람이 휘날린 것은
두려움이 아니라
믿음이었다

구약 3. 정복기 ~ 사사시대(여호수아 ~ 사무엘상)

숨은 자의 전쟁, 기드온

포도주 틀 속에 숨어
밀을 타작하던 자,
기드온

바람이 필요한 일을
바람 없는 곳에서 하며,
세상의 두려움 앞에
자신의 이름조차
작게 접어두었지만,

하나님은
그를 '큰 용사'라 불렀다

삼백의 횃불과
깨진 항아리 속에
두려움까지 담아
어둠을 밝혔던 밤

그 밤,
승리는 칼에서 오지 않고
깨진 틈에서 새어 나온
빛에서 왔다

그는 알았다
하늘의 전쟁은
많음으로 이기지 않고,
적음으로 드러난다는 것을

그래서 그의 이름은 묻는다
"너는 지금
무엇을 깨뜨려야
빛을 낼 수 있느냐"

구약 3. 정복기 ~ 사사시대(여호수아 ~ 사무엘상)

입다, 서원의 문턱

낡은 서약이
제 몸을 걸고
시간의 문턱을 지키고 있었다

전쟁은 끝났고,
평화는
눈물의 옷을 입었다

문을 열던
작은 발소리 하나
그것이
구름보다 무거웠다

나는 시를 쓰며
그 문턱을 다시 지난다

무언가를 지키려
서둘러 내뱉었던 말,
그 한 마디가
기도보다 앞서 있었던 날들

입다의 눈물 속에서
나의 흔들림이 비치고,
그의 딸의 발걸음에서
내가 감당하지 못한 순종이 들린다

하나님,
서원의 무게보다
은혜의 지혜를 먼저 배우게 하소서

말이 믿음보다 앞서지 않게 하시고,
믿음이 사랑을 해치지 않게 하소서

구약 3. 정복기 ~ 사사시대(여호수아 ~ 사무엘상)

삼손, 부서진 기둥 위의 기도

그는 사자의 입을 찢고,
천 명을 당나귀 턱뼈로 꺾었으나
자기 마음 하나는 꺾지 못한 사사였다

두 눈을 잃고서야 깨달았다
힘줄보다 약한 것은
자기 눈동자였다는 것을

그날 무너진 것은 신전이 아니었다
내 안의 오만이 무너졌고,
흔들린 것은 기둥이 아니라
내 처음 부르심이었다

마지막 기도는
힘이 아닌
주님의 뜻을
내 생명보다 높이 드는 기도였다

그 밤, 승리는 팔에 있지 않았다
눈먼 심장의 중심에서
순종이 터져 나왔다

그의 이름은 오늘도 묻는다
너는 무엇으로 서 있으며,
무엇 위에 무너질 것인가?

그리고 그 무너짐 이후,
너의 기도는
더 깊은 곳을 향하고 있느냐?

구약 3. 정복기 ~ 사사시대(여호수아 ~ 사무엘상)

마음의 빈 그릇, 한나

깊은 밤,
마음의 빈 그릇을 들고
그녀는 성소에 앉아 있었다

울음은 소리를 삼켰고,
눈물은 하나님 앞에서
말이 되었다

나는 그녀를 따라
말 없는 기도를 배운다.

무엇도 말할 수 없을 때,
조용히 나를 놓는다

빈 그릇 같은 마음 위로
응답이 쏟아졌듯,
내 그릇 위에도
하나님의 숨결이 머물기를

그녀는 묻는다.
"너의 침묵은 지금
무엇을 기다리고 있느냐"

구약 3. 정복기 ~ 사사시대(여호수아 ~ 사무엘상)

엘리, 의자 하나로 무너진 세월

말씀이 메마른 시대,
그는 묵직한 의자에 기대어
침묵을 섬겼다

벗겨진 벽지를 따라
성소는 낡아가고,
말씀은
소년에게 임했다

나는 묻는다 —
나의 삶은 어떠한가,
침묵 속에 기대어
말씀을 놓치고 있지 않은가

그는 보았다
말씀이 떠나는 자리와
새로 시작되는 부름을

그리고,
의자가 뒤집히는 소리와 함께
그의 세월도 무너졌다

나 또한
작은 의자 하나에 기대어
나의 부르심과
흘러가는 시간을 헤아린다

구약 3. 정복기 ~ 사사시대(여호수아 ~ 사무엘상)

성소의 밤, 사무엘

어둠이 깊을수록
아이의 귀는
하늘의 부르심에 열렸다

침묵이 짙게 깔린 성소,
작은 손이
큰 뜻을 움켜쥐었다

제단 곁에 선 그는
기도와 심판 사이에서
길을 잃지 않았다

하나님의 입이 되어
세상의 잠을 깨우는
빛의 속삭임

사무엘은 묻는다
지금 너는
어떤 음성에
귀를 기울이고 있느냐고

나는
마음의 문을 열고
조용히 그 부르심을 기다린다

구약 4. 왕정시대(사무엘상 ~ 열왕기하)

사울, 왕관의 그림자

처음엔
빛나는 젊음이었다
그러나 왕관은
곧 무게로 바뀌었다

그 무게 아래
그는 흔들렸다
광야의 바람처럼
두려움과 질투 사이를 떠돌았다

하나님의 명령은
칼날처럼 날카로웠고,
그 칼은
끝내 자신을 찔렀다

영광과 파멸 사이,
그는 서 있었고,
그림자는
점점 길어졌다

사울은 묻는다
너는 지금
어떤 그림자를
끌어안고 있느냐고

나 또한
마음의 왕좌를 살피며
순종의 길을 되묻는다

구약 4. 왕정시대(사무엘상 ~ 열왕기하)

요나단, 나무 그늘 아래 맹세

뜨거운 햇살 아래
그는 나무 그늘을 드리웠다
형제보다 진한 맹세를 안고서

칼 대신 내민 손,
전장의 소음 속에서도
친구의 숨결을 지켰다

왕좌가 멀어져도
그의 마음은
충성과 사랑 사이
흔들리지 않았다

그의 우정은
나무 뿌리처럼 깊었고,
그늘은 고요한 힘이 되었다

요나단이 속삭인다
너는 누구의 그늘 아래 서 있느냐

구약 4. 왕정시대(사무엘상 ~ 열왕기하)

흙먼지와 별빛 사이, 다윗

어린 양에서
왕좌의 빛에 이르기까지
그는 흙먼지와 별빛 사이를 걸었다

목동의 두려움 속에서도
전장의 칼날 아래에서도
기도는
땅끝에서 하늘까지 메아리쳤다

거인 앞 작은 돌멩이 하나,
믿음의 무게를 던지고
자신의 그림자와
왕관의 무게를 두 손에 안았다

다윗은 내게 묻네
어떤 노래를
마음 깊은 곳에
품고 있느냐고

구약 4. 왕정시대(사무엘상 ~ 열왕기하)

밧세바의 그림자

밤의 창에 비친 얼굴,
빛과 어둠이 맞닿은 경계선 위에서

왕의 눈길은
침묵의 강을 건너
금단의 땅에 닿았다

그녀는
속삭임과 침묵 사이에서
사랑의 상처를 품었다

길고 짙은 그림자 아래,
용서와 희망이 만나는 언덕에서
한 줄기 숨결이 흔들리며 일어난다

밧세바여,
그리고 나여 —
어떤 빛이
우리의 어둠을 녹이는가

구약 4. 왕정시대(사무엘상 ~ 열왕기하)

비유의 칼날, 나단

가난한 자의 어린 양,
그 이야기 속에서
왕은 자신의 얼굴을 보았다

은밀한 죄의 그림자가
마음깊이 스며들 때,

하나님의 눈동자가
날카로운 비유로
심장을 꿰뚫는다

진실은
말보다 깊은 곳에서
칼보다 먼저
내면을 흔든다

그 칼날 앞에 서서,
나는 묻는다
"나의 마음은 어디에 서 있는가?"

구약 4. 왕정시대(사무엘상 ~ 열왕기하)

나는 다윗의 아들이다
- 압살롬의 고백

압살롬은 바람을 가르며 달렸다
왕의 피, 반역자의 심장으로
유다의 들판에 자신의 깃발을 꽂고
잊힌 정의를 외쳤다

그러나,
나무 가지는 진실을 알고 있었다
압살롬의 머리칼이 먼저 고백했다-
"너의 교만은 아버지의 눈물보다 길었다"

사랑받기엔 너무 찬란하고,
용서받기엔 너무 날카로운 존재

나는 그를 바라본다
무너진 꿈과 숨은 상처가
조용히 흔들리는 그림자처럼

그리고 나는 묻는다
"내 안에도 그의 그림자가 있는가"

구약 4. 왕정시대(사무엘상 ~ 열왕기하)

솔로몬, 빛과 그림자

피 묻은 왕관을 쓰고
그는 고요히 무릎 꿇었다

별들 사이,
지혜가 내려와
입술에 불을 켰고,

돌과 나무 사이,
노래로 기둥을 세웠다

그러나
황금의 뿌리는 심장에 닿고,
사랑보다 많은 아내들 틈에서
그의 중심은 갈라졌다

빛나는 왕좌에 앉아
그는 허무를 응시했다
지혜는 그를 높였고,
끝내 침묵하게 했다

솔로몬은 말한다
가진 것이 많을수록
텅 빈 곳도 깊어진다고

하지만 마지막 시선은
여전히 하늘을 향했다

지혜는 어디서 오는가
나는 지금,
그 길 위에 있는가

구약 4. 왕정시대(사무엘상 ~ 열왕기하)

르호보암, 그리고 나의 무게

왕관은 금,
그 말은 납처럼
백성 어깨에 내려앉았다

무게는 왕관보다 무겁고,
명령은 자비보다 뻣뻣했다

믿음은 금이 갈라지고,
유다는 껍질만 남았다

르호보암이 나를 비춘다
내 말은,
누군가의 어깨를 누르지 않았는가?

눌러야 할 것은
타인의 등이 아니라
내 교만의 심장이다

구약 4. 왕정시대(사무엘상 ~ 열왕기하)

여로보암, 벧엘의 송아지

그는
예루살렘 성전을 두려워했지
하나님의 임재보다
다윗의 그림자를 두려워했네

벧엘에 세운 송아지는
그 불안이 빚은 신상,
광야 위, 믿음이 멈춘 자리였어

그날
하나님의 자리는
왕의 두려움 아래
조용히 밀려났네

나를 묻는다
내 안의 작은 송아지는
하나님의 자리를
대신하지 않았는가?

구약 5. 포로기/포로귀환기 (다니엘 ~ 느헤미야)

엘리야, 불과 속삭임

불길처럼 나타난 그는
메마른 땅 위에 하늘의 비를 불러냈다

갈멜산에서
거짓의 연기를 태우고,
진리를 불 속에 세웠다

그러나 승리의 불꽃 뒤에는
광야의 침묵과 동굴의 고요가 남았다

폭풍과 지진, 불이 지나간 뒤
들린다, 아주 작은 속삭임

그제야 그는 알았다
하나님은 불이 아닌 숨결로 오신다는 것을

엘리야는 내게 묻는다
"너는 지금 어떤 속삭임에 귀 기울이는가?"

구약 5. 포로기/포로귀환기 (다니엘 ~ 느헤미야)

엘리사, 물결 위의 기도

스승의 불수레가
하늘로 사라진 뒤,
홀로 선 그는

갈라진 요단 위,
망토를 던진 손끝에서
물결은 숨죽여 떨리고
조용히 세상을 적셨다

기적은 불꽃이 아니라,
은밀한 자비로 스며드는
기름 한 방울,
누군가의 등불을 채운다

그의 삶은 흐르는 기도,
물 위의 속삭임처럼
누구도 닿지 못한 자리까지
조용히 스며든다

"너는 지금
누구의 빈 그릇을
채우고 있느냐?"
엘리사가 내게 묻는다

구약 5. 포로기/포로귀환기 (다니엘 ~ 느헤미야)

이사야, 그리고 나의 입술

성전의 문지방이 흔들리고,
연기 속 하늘이 숨었을 때
이사야는 알았다
그의 입술이 재보다 더 부정함을

천사의 숯불이 입술을 스치자
죄는 사라지고,
말은 불꽃이 되어
어둠 속에 길을 열었다

그리고 나는,
기도하다 멈춘 내 입술을 바라본다
때로는 침묵했고,
때로는 상처를 남겼던 말들

하나님,
오늘 내 입술에도
숯불의 흔적을 남겨주소서
위로하게,
진실을 말하게,
빛을 담게

"너는 지금
무엇으로
네 입술을 태우고 있느냐?"
이사야가 물어 온다

구약 5. 포로기/포로귀환기 (다니엘 ~ 느헤미야)

눈물의 강, 예레미야

어머니의 뱃속에서
그는 태명보다 먼저
부르심을 받았지

말씀이 불처럼
심장에 새겨졌고
그 길 위엔
돌과 침묵이 먼저 기다렸네

말하지 않을 수 없어
울음을 삼켰고,
사랑하지 않을 수 없어
눈물을 삼켰네

그의 눈물은
침묵보다 깊은 강이 되어
무너진 성벽 사이를
돌고 돌았네

한 도시의 죄를
혼자 울어야 했고,
하나님의 마음을
사람의 말로 버텨야 했어

나는 그의 등 뒤에서
흐르는 울음을 듣는다
이 시대의 거짓과 무너짐 앞에서
내 눈은 얼마나 마른 채 있었는가

예레미야는 내게
"너는 지금
누구를 위해 울며,
그 눈물은 누구의 마음에서 흐르는가?"

구약 5. 포로기/포로귀환기 (다니엘 ~ 느헤미야)

바람과 뼈의 노래, 에스겔

마른 뼈 사이로
찬 바람이 스치고

숨죽인 골짜기 위,
생명이 조용히 깨어난다

불의 수레바퀴가
하늘 문을 돌고,
하나님의 영광은
어둠 속에서도 빛난다

광야 한가운데서
그는 외친다

"살아나라,
죽은 자여!"

그 울림 속에서
바람은 다시 노래하고,
뼈들은 서로를 찾아 일어난다

에스겔은 묻지
너는 지금
어디서
생명의 바람을 듣고 있냐고

구약 5. 포로기/포로귀환기 (다니엘 ~ 느헤미야)

어둠 속의 별, 다니엘

밤하늘 별들은
왕국의 비밀을 품었고

사자 굴 속
어둠조차 감싸 안은
그의 믿음은 별처럼 빛났다

포로된 땅에서도
무너지지 않고
하나님의 법을 붙들며
지혜의 길을 걸었네

다니엘은 묻지
너는 지금
어떤 어둠 속에서
별을 붙들고 있느냐고

구약 5. 포로기/포로귀환기 (다니엘 ~ 느헤미야)

무너진 성벽 위의 손길, 느헤미야

먼 타향의 바람 속에서
무너진 성을 마음에 그렸다

눈물로 돌을 닦고
기도로 금간 틈을 메우며
예루살렘을 다시 세웠다
하나씩, 하나씩

낮에는 조롱이 따르고,
밤에는 칼이 겨눴으나
믿음은 무너진 돌보다 단단했고,
그의 손길은
절망 위에 희망을 쌓았다

느헤미야는 묻는다
너는 지금
무너진 무엇 위에
어떤 기도로
다시 세우고 있는가

구약 5. 포로기/포로귀환기 (다니엘 ~ 느헤미야)

율법의 서막, 에스라

먼 타향 땅,
그는 두루마리를 조심스레 펼치며

잊힌 약속을
백성의 마음에 다시 새긴다.

무너진 성전 위로
기도가 메아리치고,
율법의 빛은
어둠을 가르고
조용히 스며든다

그의 눈빛은
역사의 굴레를 넘어
새벽을 향한 희망을 비춘다

그리고 묻는다
너는 지금,
무엇을
다시 쓰고 있는가

구약 5. 포로기/포로귀환기 (다니엘 ~ 느헤미야)

에스더의 기도

밤의 침묵 속,
내 심장은 요동친다

민족이 죽음의 문 앞에,
내가 나아가야 할 길이 무겁다

주여,
왕의 금잔 속에
내 목숨도 담겨 있음을 알지만,

죽음이 나를 부를지라도
민족을 위해 나아가리

내 기도가 하늘에 닿기를-
"하나님, 이 길을 걷게 하소서."

두려움 속에서도
신뢰는 흔들리지 않으리

죽음은 두렵지 않다
당신의 뜻이 이루어질 때,
하늘의 빛이
이 땅을 비추리라

내 목숨은 이 길에 두어,
민족을 위한
구원의 길을 열리라

구약 5. 포로기/포로귀환기 (다니엘 ~ 느헤미야)

기억의 책, 모르드개

밤잠을 깨운 것은
왕의 귀가 아니라
하나님의 기억이었다

사람들은 잊었으나,
그날의 충성은
기억의 책 한 귀퉁이에
조용히 적혀 있었다

베옷 입은 자의 침묵,
문 앞의 기다림-
모두 지나간 듯 보였으나

하나님은 잊지 않으셨다.
왕의 입술이 기억을 읊을 때,
정의는 침묵을 뚫고 일어섰다

신약 1. 예수님의 탄생 전후(복음서 초기)

세례 요한, 나는 아니다

나는 아니다
빛이 오기 전,
그 길을 적시는 한 줄기 어둠이었을 뿐.

침묵으로 외쳤고,
사라짐으로 드러냈다.
존재는 무게가 아니라,
비움이었다

나는 불이 아니었다,
불씨였다 –
그분의 이름이 타오르기 위한
조용한 시작

사람들이 나를 볼 때
나는 그분을 가리켰고,
사라질 때에야
참된 빛이 드러났다

나는 아니다
그러나 그분이 오셨다 -
이보다 더 충만한 대답이
어디 있으랴

신약 1. 예수님의 탄생 전후(복음서 초기)

자궁의 십자가
- 마리아(예수의 어머니)

내가 낳은 이가
나를 구원하리라 ―
모순이 아닌 복음이었다

그를 품던 날,
나는 세상에 등을 돌렸고,
그가 세상을 품던 날,
내 심장에 칼이 들어왔다

십자가는
한 몸만을 매단 것이 아니었다
그날, 나는 자궁으로 못박혔다

피와 침묵,
눈물과 생명의 울음 -
그 모두가
구원의 시작이었다

신약 1. 예수님의 탄생 전후(복음서 초기)

그림자와 불꽃

- 요셉(예수의 육적 아버지)

여호와여,
내 발걸음은 아들의 뒤를 따르나이다.
그림자가 되어 그를 감싸고,
불꽃이 되어 길을 밝히나이다.

세상의 싸늘한 눈빛이 몰아치고,
거센 바람이 불을 끄려 하나,
내 안의 불꽃은 꺼지지 않으며,
그 침묵 속에서 믿음이 움트나이다.

주의 뜻 안에 나의 길을 두고,
어둠 속에서 빛을 기다리며,
내 영혼은 주께 굳게 붙들렸나이다.

나는 말 없으나,
그 길 위에서
그림자와 불꽃을 잇는
다리가 되나이다.

신약 1. 예수님의 탄생 전후(복음서 초기)

시므온, 안식의 노래

나는 빛을 안았다
그것은 아기였고,
한 시대의 저녁이었다

어둠은 물러나고,
눈꺼풀 위로
빛의 강이 흘렀다

죽음이 아닌,
완성된 평화가 내게 왔다

주여,
이제 주의 종을 놓아주소서
그 빛이
내 영혼의 저녁별 되어
조용히 머물게 하소서

신약 1. 예수님의 탄생 전후(복음서 초기)

빛의 그물
- 안나(여선지자)

오래된 성전 벽에
빛이 걸렸다

안나는 그 빛을 그물로 삼아
세상의 희망을 건져 올렸다

세월의 먼지 속에서도
묵묵히 기도하며
보이지 않는 은총을 품었다

그 빛은 잔잔한 바다처럼
조용히 출렁이며
모든 어둠을 감쌌다

그녀의 손길은
한 줄기 빛이 되어
무너진 세상을 다시 엮었고,

그 그물은 기도였으며,
사랑이었고,
영원의 약속이었다

신약 1. 예수님의 탄생 전후(복음서 초기)

그림자의 왕
- 내 안의 헤롯

나는
빛을 두려워했다

새로운 진실이 떠오를 때마다
내 오래된 자리가 흔들렸다

사랑이 오면
내 자존심이 먼저 떨었고,
용서가 다가오면
내 안의 왕좌가 불안했다

나는
예언을 자르려 했으나,
그 칼끝에
내 이름이 먼저 새겨져 있었다

오늘도
빛이 문을 두드리면
나는 그림자를 핑계로 숨는다

그러나
어둠은 왕좌가 아니었다.
두려움의 끝에서
한 줄기 빛이 나를 불렀다

그제야 알았다
왕이란,
자리를 지키는 이가 아니라
빛 앞에 무릎 꿇는 자라는 것을

신약 2. 예수님 공생애 관련 인물

예수의 손을 본다

그 손을 본다
십자가를 깎던 손,
못을 박던 손,
세상을 지탱하던 손

살갗 아래 숨은 상처들,
사람의 무게를 견딘 흔적들

그 손은 말없이 말한다.
사랑은 고통을 품는 일,
희망은 죽음을 이기는 힘이라고

그 손이 내 어깨에 닿을 때,
흩어진 날들이 조용히 모여 앉는다
버려진 시간에도
은총의 잔향이 남아 있음을,
나는 이제야 알았다

그분의 손이 내 손끝에 스며
떨리는 세상을 어루만질 때,
나는 안다

사랑은 기적이 아니라,
조용히 피어나는 일상임을

신약 2. 예수님 공생애 관련 인물

베드로, 그리고 나

깊은 밤, 베드로는 떨었다
"나는 그를 모른다."
입술이 세 번 굳게 닫히고
베드로 안의 바다는 갈라졌다

숨죽인 시간 속,
눈물이 바람 되어 흘렀고
어둠은 그를 다시 깨웠다

나도 몰래,
삶 속에서 그처럼 부인했는지 모른다
작은 선택, 흔들린 믿음,
무심코 덮은 마음 속 침묵 …

그러나 그 침묵 뒤편에는
무너진 탑 위로 솟는 새벽이 있었고
부서진 마음 안에 움튼 용서가 있었다.

나는 그 손길에 이끌려
어둠 속에서 다시 일어나리라
흔들린 믿음의 끝에서
새벽빛이 나를 부르리라

신약 2. 예수님 공생애 관련 인물

안드레의 기도와 나의 고백

그는 처음부터
빛보다 그림자에 익숙했다.
큰 소리로 외치기보다
작은 발자국으로 다가갔다

바다의 냄새 묻은 손으로
하루의 생선을 건지던 그가,
이제는 사람을 낚는
조용한 바람이 되었다.

나는 묻는다 —
내 삶의 어느 자리에서
그처럼 들었는가,
"그를 따라오라"는
그 목소리를.

그의 기도는
바다의 숨결 같았다.
"주여, 내가 아닌 이들을
먼저 보게 하소서."

그 기도 끝에
나의 이름이 불렸다
나도 모르게,
그의 기도를 따라
내 삶이 기도가 되었다

신약 2. 예수님 공생애 관련 인물

불꽃의 형제, 야고보

바다 위 불꽃 하나,
세베대의 아들 야고보
어둠을 가르는 믿음의 칼날이
거센 파도 위에 빛나네

바람은 성난 듯 몰아쳤으나
그의 심장은 꺼지지 않는 등불,
침묵의 물결 속에서
하늘의 뜻을 품고 타오르네

불꽃은 형제의 길을 비추고,
순교의 물결을 넘어
믿음의 바다는
파도 위에서
조용히, 그러나 끝없이 타오르네

신약 2. 예수님 공생애 관련 인물

십자가 그림자 아래서, 요한

저녁의 그림자
길고 무겁게 내려앉고
십자가는 하늘을 가른다

눈물 젖은 땅 위,
부서진 별들이 흩어진다

무너진 뼈 틈새로
비집고 들어오는
따스한 빛줄기 하나,

차가운 절망 사이
피어오른 새싹처럼

그대는 알았다
깊은 상처가 바람 되어 불어오고
떨리는 손끝에서

기도는 무너지지 않고
성벽처럼 다시 선다는 것을

그림자 짙은 밤,
흐르는 눈물,
침묵의 언어가 되어

깊은 어둠을 뚫고
세상을 바꾸는 빛으로
흘러간다

그리고 그 빛은
오늘 내 삶 속에서도
조용히, 그러나 끝없이 빛난다

신약 2. 예수님 공생애 관련 인물

와서 보라, 빌립

나는 먼저 부름받은 자였다
한 걸음 앞선 타인의 발자국 위에
그분의 그림자가 내려앉았기에
나도 불릴 수 있었다

그러나 쉽게 믿지 못했다
세상은 논리였고
내 마음은 질문으로 고인 우물,
나는 간절히 말했다
"주여, 아버지를 보여 주소서"

그분은 대답하지 않으셨다
대신 자신의 얼굴을 내밀었다
침묵으로,
빛으로,
살아 숨 쉬는 진리로

그제야 깨달았다
빛은 증명이 아니라
살아내는 것이며,
진리는 이해되는 것이 아니라
사랑으로 열리는 것임을

그래서 나는 말했다
"와서 보라"
의심의 바닷가를 걷는
모든 시대의 갈릴리에게,
그리고
오늘 내 삶 속에서도
그 부르심을 따라
빛을 살아내는 자들에게

신약 2. 예수님 공생애 관련 인물

바돌로매, 무화과나무 아래서

말하지 않은 말들이
잎 사이로 무성했고

나는 질문을 삼켰다
그분은 대답 대신
먼저 다가오셨다

바람조차 몰랐던
내 침묵 속을 스치며
빛처럼 나를 부르셨다

그 부름에 나는
무화과나무 그림자보다
더 오래,
더 깊이
그분을 따랐다

그리고 오늘,
나의 삶 속에서도
그 부름은 여전히
조용히,

그러나 흔들리지 않게
손끝에서 빛난다

신약 2. 예수님 공생애 관련 인물

의심의 손, 도마

내 손은 진실을 찾아 헤맸다
못 자국 깊은 상처,
그 속에 숨은
말 없는 고백을

나는 만졌다
그 침묵의 무게를 느끼며
"믿음은 눈이 아닌
손끝에서 태어난다"는 속삭임을

의심은 불꽃같아,
어둠 속에서 더욱 선명히 빛나고
그 빛은
마침내 나를
믿음의 불길로 감싸 안았다

그리고 오늘,
의심 많은 나조차
그 손을 내밀어
도마처럼 확인하며,
내 믿음을 다시 지킨다

신약 2. 예수님 공생애 관련 인물

부름의 기록자, 마태

세리의 무거운 자리에서
조용히 일어나
한 걸음, 또 한 걸음
빛으로 부르심에 응답했다

그 손은
세상의 장부를 내려놓고
하늘의 두루마리를 펼쳤다

잃어버린 영혼들을 위한
사랑과 구원의 이야기를 적으며
어둠 속에 감춰진 빛을 밝혀 나갔다

기록은 곧 소명이었다
단순한 글자가 아니라
영원의 약속을 품은 숨결이었다

그는 알았다
진정한 부름은
자기 자신을 내려놓는
끝없는 순종임을

그리고 오늘,
나 역시 부름 앞에 서서
마태처럼
순종과 헌신의 길 위에서
한 사람, 한 사람
희망의 빛으로 다시 태어나리라

신약 2. 예수님 공생애 관련 인물

휘장의 끝에 선 이름
- 알패오의 야고보

어머니조차
이름을 먼저 부르지 않던
그 조용한 아이는
늘 뒤에서 기도했다

불려본 적 없는 이름은
하늘에 먼저 새겨졌다
사람들의 외면 아래
그는 빛을 기다리는 그림자였다

성소의 휘장이 찢기던 날,
이름 없는 이름들 위에
빛이 흘렀다
침묵은 가장 오래된 언어로
하늘과 땅을 꿰맸다

어두운 제단 한쪽에
그의 기도는
다리처럼 엎드려 있었다
지나가는 주의 발끝에도

그의 기도는
오늘 내 삶 위에 펼쳐진다

신약 2. 예수님 공생애 관련 인물

숨겨진 불꽃, 다대오

타오르지 않아도
꺼지지 않는 불꽃,
눈에 보이지 않아도
빛나는 심연의 빛

말없이 그 길을 걸었네,
소음 가득한 세상 속
조용한 기도와 침묵의 증언으로

숨겨진 믿음의 바다,
깊은 어둠 속에서도
꺼지지 않는 다대오의 불꽃은
시간의 강을 넘어
오늘 내 마음 속에서도 빛나리라

신약 2. 예수님 공생애 관련 인물

칼을 놓은 손, 시몬 젤롯

불꽃 같던 손끝,
칼날 위에 쌓인 분노를 내려놓고,
잔잔한 평화의 씨앗을 심는다

젤롯의 불길은 바람에 잠잠해졌으나,
그 속 깊은 어둠은 빛으로 물들고,
마음의 혁명은 침묵 속에서 시작된다

칼 대신 믿음의 등불을 든 손,
그 빛은 어둠을 가르고
세상을 흔드는 조용한 진동이
오늘 내 마음 속에서도 울리리라

신약 2. 예수님 공생애 관련 인물

가룟 유다, 그 입맞춤 이후

그 밤,
기도보다 먼저
그의 뺨에 닿은 입맞춤은
사랑의 형상을 한 침묵이었다

나는 묻는다
왜 너는, 사랑을 배신해야만 했는가?
은화 서른 개의 무게보다 깊은
죄책감의 그림자가
포도나무 아래 달빛 속으로 드리워졌다

배신은 칼이 아니라
눈에 보이지 않는 슬픔의 불꽃이었다
이해받고 싶었던 사랑의 비명,
끝내 자기 이름을 부르지 못한 슬픔

입술은 닿았으나, 심장은 멀었다
그의 눈에 담긴 슬픔은
오늘 내 마음을 불러
사랑과 배신,
원망과 이해 사이를 헤매게 한다

신약 2. 예수님 공생애 관련 인물

움직이는 기도
- 마르다를 위한 노래

그녀는
무릎 대신
국자를 들었다

기도 대신
그릇을 닦았고,
마음을
국물에 풀고,
사랑을
쟁반에 담아냈다

속으로는 묻는다
"주여, 말씀은 머무르지 않고 흘러가네요
하지만 배고픈 손길을 누가 채우겠습니까?"
마음은 떨리고
손은 쉬지 않았다

그러나
그 분은
그 모든 분주함 속에서
향을 맡으셨다

기도보다 깊은,
움직이는
헌신의 향기를

신약 2. 예수님 공생애 관련 인물

머무름의 시간
- 마리아를 위한 노래

그녀는
말씀 앞에
머물렀다

바쁘게 움직이는
세상 속에서도
한 순간의 침묵을 안고,

그 발아래서
생명이 자라나는
소리를 들었다

숨결마다 번지는
영원의 잔향,
그 고요한 빛으로

속으로는
"손이 일을 해야 함을 알지만,
말씀 앞에 머무르는 시간이
나를 살립니다"

신약 2. 예수님 공생애 관련 인물

무덤의 문을 열다
- 나사로를 위한 노래

깊고 무거운 어둠 속,
숨 죽인 돌문 앞에서
한 번의 부르심이
죽음의 문을 천천히 밀어 올렸다

묵묵한 돌 아래 잠든 시간도
빛 앞에서 물결치며,
새벽 강물처럼
생명의 길을 터준다

나사로야, 일어나라-
명하셨던 그분이
오늘, 내 이름을 부르고 계신다

신약 2. 예수님 공생애 관련 인물

무덤에서 피어난 이름, 막달라 마리아

돌문은
닫힌 것이 아니었다

절망이 숨죽인 새벽,
그분이 부르셨다
"마리아"

그 한 마디에
내 안의 죽음이 밀려나고,
나는 울음을 놓치고
눈을 들었다

그분이셨다

살아서 부활하신
그분의 눈빛이
내 이름을 안고
나를 살리셨다

나는
무덤 앞에서
다시 태어난 사람

막달라 마리아의 이름을 부르신 것처럼
오늘도 내일도
나의 이름을 부르시는 주님

신약 2. 예수님 공생애 관련 인물

나무 위의 시선 - 삭개오

사람들이
삭개오를 밀어냈을 때,
그는 나무를 탔다

잎새 뒤에 숨은
작은 갈망 하나,
그 마음은 바람에 떨리고 있었다

예수님은
군중보다 먼저
그의 눈을 올려다보셨다

그 순간,
숨죽인 마음이 열리고,
부르심이 내 삶을 흔들었다

나무 위의 시선 속에서
나는 본다 —
먼저 나를 보신
그분의 눈빛을

신약 2. 예수님 공생애 관련 인물

어둠 속의 별 - 니고데모

그는
질문하는 자였다
의심과 믿음 사이,
침묵으로 걷는
긴 여정의 사람

예수는
그를 꾸짖지 않았다

진리는
어둠에서 피는 꽃,
믿음은
밤에 비로소 빛난다

나는,
그 별빛 속을 걸으며
숨죽인 마음으로
새벽을 기다린다

신약 2. 예수님 공생애 관련 인물

명령보다 무거운 믿음 - 백부장

백 명의 발걸음을 움직이던 그의 명령이
한 병든 종을 향한 기도로 무너졌다

강한 손은 떨렸고,
입술은 하늘을 향해 열렸다

"주여, 말씀 한마디면,
내 종이 나으리이다"

믿음은 권세 위에 내려앉아
기적의 씨앗이 되었다

나는 오늘도
책임의 무게 속에서
그 믿음을 떠올리며,
주님의 말씀 앞에 마음을 내어놓는다

신약 3. 예수님 십자가 ~ 부활

침묵 속의 심판 - 가야바

말 없는 법정,
진실은 씨앗처럼 묻히고
거짓은 어둠 속에서 자라났다

가야바의 마음은
갈라진 대지처럼 메말라
끝내 스스로 무너졌다

그의 침묵은 권력의 무게가 되어
역사의 숨을 짓눌렀다

그러나 진리는 잠들지 않았다
어둠을 뚫고
빛으로 일어나 세상을 향했다

나는,
내 안의 두려움과 편견 속에서도
그 빛을 향해
조용히, 그러나 단단히 걸어간다

신약 3. 예수님 십자가 ~ 부활

빌라도, 물 위의 손

"나는 그의 죄를 찾지 못하였노라."
그러나 그 손은
물 위에서 떨리며 씻겨 내려갔다

그 손은 무엇을 씻었는가 —
정의인가, 책임인가,
아니면 두려움인가

무죄의 침묵 위로
역사의 파문이 번져가고,
그 잔물결에
인류의 양심이 비쳤다

결정의 문턱 앞에 선 나,
진리와 두려움 사이에서
오늘도 그 손길처럼
조용히 흔들린다

신약 3. 예수님 십자가 ~ 부활

아리마대 요셉, 침묵의 결단

밤은
아직 말하지 않았다

회당의 그림자 뒤에서
그는 오래
기다리는 신처럼 숨 쉬었다

사형수가 된
선지자의 몸을 위해
묵묵히
자신의 무덤을 내어준다.

모든 말보다 깊은,
하나의 침묵—

그가 내려간
돌계단 아래,
부활은 이미
숨죽이고 있었다

나는,
일상의 무거운 선택 앞에서
말보다 행동으로 믿음을 보이며,
그의 침묵처럼
하나님의 때를 기다린다

신약 4. 사도행전/초대교회 인물

다마스쿠스의 빛, 바울(사울)

말발굽 아래,
하나님이 계셨다

창백한 빛이
사울의 칼끝을 부러뜨리고,

숨결 같은 음성이
그의 이름을 부르자

그는 땅에 엎드러져
침묵에 둘러싸였다

눈이 멀고서야,
그는 처음으로 보았다

이제 그가 따르는 길은
칼이 아니라,
십자가였다

내 삶의 전환점마다
나는,
혼란 속에서도
그 빛을 향해
십자가의 길을 택하리라

신약 4. 사도행전/초대교회 인물

사라지는 이름
– 위로의 시작, 바나바

바울과 마가의 이름이
기록 위에 빛날 때,

그는 그늘이 되어
이름 없이
사람을 밀어올렸다

지워진 발자국 속에서
복음은 자랐고,

그 이름은
잊힌 자리의 뿌리처럼 남아
모든 위로의 시작이 되었다

나는,
내 삶의 작은 섬김 속에서
누군가의 발걸음을 올리고,
그늘 되어
위로의 씨앗을 흩뿌리리

신약 4. 사도행전/초대교회 인물

감옥의 노래
– 실라의 밤, 그 찬송의 미학

쇠창살 너머
한밤중, 피 묻은 등으로
우리는 하늘을 불렀다

벽은 냉기였고,
땅은 죄의 무게로 잠들었으나
입술만은 무릎 꿇지 않았다

피멍든 가슴으로
하나님의 이름을 부르자,
감옥이 먼저 떨고
사람이 아니라
시간이 열렸다

그 밤,
우리는 문을 두드리지 않았다
노래가 문이 되어
천국이 먼저 다가왔다

바울은 기도했고,
실라는 조용히 조율했다

내 삶 속 무거운 하루도
이 악보 위에 올려놓으면
찬송이 된다

끊어진 것은
쇠사슬이 아니라,
두려움에 묶였던
내 마음이었다

신약 4. 사도행전/초대교회 인물

디모데, 바울의 편지

낯선 도시,
낯선 교회,
먼 길 끝에서 도착한
편지 한 장

두루마리를 펼치자
그대 이름이 피어난다

"내 사랑하는 아들 디모데야"

그 한 문장에
디모데는 다시,
마음 속 복음의 불을 켠다

오늘, 내 지친 걸음 위에도
그 사랑의 글씨가 불이 되어
흔들리는 믿음의 길을 밝힌다

신약 4. 사도행전/초대교회 인물

빛의 기록관, 누가

말씀이 지나간 자리에
어둠은 잉크가 되었고,
그는 조용히 써내려갔다

고통의 살을 꿰매며,
치유의 문장으로
하늘을 잇는다

기도처럼 스며든 그의 손길,
사라지는 얼굴마다
한 줄, 한 줄
빛의 궤적을 남겼다

오늘, 내 흔들리는 마음도
누가의 잉크처럼 흘러
섬김과 사랑의 길 위에
빛으로 새겨진다

신약 4. 사도행전/초대교회 인물

에클레시아의 불꽃, 아볼로

알렉산드리아의 바람을 타고
지중해의 지혜가 그의 눈에 머물렀다
율법과 시를 삼킨 입술 위에
하늘의 불이 그의 혀끝에 닿았다

은혜의 강물은 말에 스며
검은 먹물 대신 빛을 적었다
회당의 돌기둥마다
그의 음성은 진리를 울렸다

사도의 그림자가 어깨에 내려앉자
그는 자신을 낮추며
말씀을 높였다

오늘, 내 안의 의심과 갈등도
아볼로의 불꽃처럼
지혜와 겸손으로 피어나리라

신약 4. 사도행전/초대교회 인물

브리스길라, 이름이 먼저 불리는 날

그녀의 이름이
남편보다 먼저 불릴 때,
하늘은 잠시 숨을 멈추었다

질서보다 진심을 먼저 보시는 분께서
그 손을 들어 올리셨다

예배는
누가 먼저 말하느냐가 아니라,
누가 먼저 무릎 꿇느냐였다

브리스길라는
말보다 기도로 강단을 세웠고,
그녀의 집은 교회가 되었다

입술 위의 진리는
침묵보다 또렷하게 흘렀다

나는 그 이름의 순서를 생각한다
사랑이 먼저 불리고,
섬김이 그 뒤를 잇는 날을

신약 4. 사도행전/초대교회 인물

바울의 동역자 아굴라

그는
설교자가 아니었다
그러나 설교자의 등을 지켰다

망치와 바늘 사이로
복음은 실처럼 스며들고
구겨진 천마다
은혜가 접혔다

세상이 내 이름을 몰라도
그분은 내 손끝을 기억하신다

침묵 속에서
가장 깊은 "아멘"이 들렸다
이름 없는 성도의 자리에서
말씀이 자랐다

신약 4. 사도행전/초대교회 인물

스데반, 푸르게 열린 하늘

돌이 뼈를 깨기 전에,
영혼은 하늘로 먼저 걸어갔다

사울의 눈엔 증오가 서고,
천사의 눈엔 눈물이 맺힌다

빛보다 먼저 열린
푸른 하늘 —

그곳에
스데반의 얼굴이 피어났다
그가 올려다본 하늘에
나의 시선도 머문다

그 두려움 속에서
나는 처음으로
믿음의 빛을 보았다

신약 4. 사도행전/초대교회 인물

광야에 흐르는 복음
- 빌립의 고백

광야 길목에서,
의심과 갈등이 마른 땅처럼 갈라지던 그때
나는 멈춰 서서 속삭였다
"와서 보라"

그 한마디가
무너진 마음의 벽을 열고,
빛이 깊은 어둠 속으로 스며들었다

그의 눈동자에 깃든 질문은
세상의 무게를 견뎌낸 가시덤불 같았으나,
말씀은 강물 되어 흐르고,
영혼은 다시 숨쉬기 시작했다

나는 집사였고 길잡이,
하나님의 손길로 부름 받은 자였다
작은 부름에도 멈추지 않고,
복음의 바람을 타고
광야에서 생명의 길을 열었다.

신약 4. 사도행전/초대교회 인물

열린 천장, 열린 마음
- 고넬료의 기도

기도는 허공을 뚫고
열린 천장 사이로 스며든다

빛은 고요한 방을 깨뜨리며
닫힌 마음의 문을 두드린다
두려움과 갈망이
그 빛에 젖어 흐른다

낯선 손길이 머문 자리마다
서서히 녹아내리는 어둠,
침묵의 심연에서
한 줄기 믿음이 피어난다

이방인의 집에 내린 그 빛은
경계의 벽을 넘어
세상을 향한 창이 된다

그 문을 연 이는 고넬료 ―
경외로 기다리고,
순종으로 대답한 사람

그리고 오늘,
내 마음의 닫힌 문도
그 빛 앞에 서서
조용히 열리고 있다

신약 4. 사도행전/초대교회 인물

아그립바, 왕관과 그림자

왕관의 무게,
세상의 빛보다 무겁게 내 영혼을 눌렀다

찬란함이 내 안의 어둠을 길게 비추었다,
진실과 두려움이 뒤엉킨 마음
나는 왕이자 죄수,
빛을 향해 손을 내밀지만
하나님의 뜻 앞에서 흔들린다

내 마음의 왕국은 요동치지만
그 흔들림 속에서
빛을 향한 갈망이 피어난다

연약함과 두려움이 녹아드는 자리,
하나님의 빛이 나를 투명히 비춘다

권력의 그림자 속에서도
믿음과 양심은 나를 일으킨다

신약 4. 사도행전/초대교회 인물

거울 속의 믿음
- 베레아 사람들

거울 앞,
그림자를 마주한 칼날
의심과 질문이
빛으로 스며든다

흔들리는 마음,
오늘의 선택 앞에서
나는 말보다 행동으로
믿음을 증명한다

맹목이 아닌 눈으로 바라볼 때,
어둠과 빛은 서로를 비추고
영혼은 조용히,
그러나 확실하게 빛난다

작은 결단 속의 떨림마저
거울 속 불꽃처럼
빛으로 새겨진다

그리고 나는 안다
내 안의 의심조차
하나님의 진리와 사랑으로
열매 맺는 길임을

신약 4. 사도행전/초대교회 인물

데메드리오, 무너진 신전 앞에서

진리는
어둠 속 맨발로 걷는다
소리 없는 발자국이
사람의 양심에 닿는다

그는 외쳤다
우상은 지켜야 할 신이 아니라
무너질까 두려운 재산이었고,
그의 기도는
신앙이 아닌 시장의 언어였다

데메드리오,
은의 장인이었으나
자신의 심연은
주조하지 못한 자

그날 무너진 것은
돌의 신전이 아니라
내 마음 속
허망하게 쌓인 탑 ―
빛 없는 확신의 그림자였다

신약 5. 요한계시록 관련 인물

새 예루살렘을 본 자
- 사도 요한

그는 보았다
순금의 거리 위로 흐르는 생명,
죽음과 눈물조차 닿지 못할 빛
은빛 물결처럼 맑은 강이
은빛 강물처럼 맑은 생명의 흐름이
모든 고통과 슬픔을 씻어내며 지나갔다

거리마다 향기가 피어
시간조차 그 찬란함에 잠들고,
그는 들었다
"보라, 내가 속히 오리라."

그 음성은 바람을 타고
심장 깊숙이 스며들었다
그는 떨리는 마음으로
아멘, 주 예수여 오시옵소서라 응답했다

그 눈에 비친 세계는
단순한 환상이 아니었다
믿음과 희망, 사랑이 겹겹이 쌓여
새 하늘과 새 땅을 이루는 현실이었다

그는 깨달았다
죽음 속에서도, 눈물 속에서도
빛은 결코 사라지지 않는다는 것을
그리고 오늘,
그 빛이 내 삶 또한 부르고 있음을

신약 5. 요한계시록 관련 인물

오래된 합창단
- 24장로

밤과 낮이 사라진 자리,
침묵조차 은빛 멜로디로 떨린다

스물네 입술,
하나의 심장 되어 뛰고

"거룩하다"는 한마디가
하늘의 숨결을 타고
천공을 울린다

별빛과 공기 사이,
찬송은 아직 닿지 않은 마음에도
잔물결처럼 번진다

그 울림 속에서
나의 마음도
작은 입술로, 조용히
하나의 심장으로 뛴다

신약 5. 요한계시록 관련 인물

빌라델비아의 열린 문
- 일곱 교회 대표자

작은 능력 —
그러나
단 한 번도 닫히지 않은 문

대적이 몰려와도
마음은 바람처럼 흔들릴뿐,
너의 영혼은 조용히
빛을 향해 열려 있었다

진리는
힘의 흔적이 아니라
믿음의 여백 위에 새겨졌고,

열쇠는
강한 손이 아닌
무릎 꿇은 손끝에 있었다

그 문틈으로 스며든 빛은
밤을 밝히고
잊힌 마음을 깨운다

닫히지 않는 마음은
세상 끝까지 번지는
하늘의 숨결이 된다

작가의 말

백 명의 이름을 지나며,
나는 수많은 눈빛과 발자국을 밟았습니다.
그 속에서 나는 때로 흔들렸고,
때로 조용히 일어섰습니다.
  그들의 믿음은 내 마음 속 불씨가 되었고,
  그들의 연약함은 내 내면의 그림자를 비추었습니다.
  말씀 속 인물들은 결코 과거의 인물이 아니었습니다.
  오늘, 여기, 내 안에서 숨 쉬는 존재였습니다.
시를 쓰며 깨달았습니다.
우리가 만나는 모든 사람,
우리 안에 살아 있는 모든 이야기,
그 자체가 이미 신의 숨결이라는 것을.
  이 시집을 여는 독자 여러분께 전합니다.
  백 명의 인물 속에서 한 사람의 마음을 만나듯,
  조용히, 그러나 확실하게
  말씀은 다시 살아납니다.

      말씀이 내 안에서 시가 되어 흐르는 계절,
            2025년 늦가을,

          천성옥 드림

그리고 이 숨결이, 여러분의 마음속에도 오래 머물기를.

구약 • 신약 인물

100인으로부터 받은
한 줄 묵상

-

- **아담** : 하늘이 되고 싶었던 아담처럼, 우리도 욕망과 불순종 사이에서 방황하지는 않는가?

- **하와** : 하와를 원망하지만, 그 말과 유혹은 내 안에도 스며 있다. 오늘 나는 어떤 목소리에 귀 기울이고 있는가?

- **가인** : 죄는 행동보다 먼저, 시선과 감정에서 시작된다.

- **아벨** : 내가 가인이든 아벨이든, 하나님의 침묵 속에서 나의 시선을 먼저 돌이켜야 할 것은 나의 시선이다.

- **에녹** : 믿음은 눈에 보이는 흔적보다, 하늘을 향한 조용한 발걸음으로 드러난다.

- **노아** : 믿음은 아직 오지 않은 약속을 이미 지난 일처럼 붙드는 일이다.

- **셈** : 하나님의 약속은 소리보다 깊은 침묵 속에 뿌리내린다. 셈처럼, 나도 조용히 믿음의 땅에 머문다.

- **함** : 그림자는 부끄러움이 아니라, 하나님이 진실을 비추시는 빛의 또 다른 형상이다.

- **야벳** : 믿음은 나아가는 발보다 먼저, 하나님의 약속을 품는 가슴이다.

◀**아브라함** : 하나님의 약속은, 불 꺼진 장막 속에서도 별처럼 빛난다.

◀**사라** : 기다림 끝에 웃는 이는, 하나님의 시간을 품은 사람이다.

◀**롯** : 떠남은 몸이 아니라 마음의 결단이다. 불타는 세상 속에서도 믿음은 뒤돌아보지 않고 나아가는 용기다.

◀**이삭** : 믿음은 소리 내지 않고, 우물을 다시 파는 것이다.

◀**리브가** : 작은 순종의 두레박 속에 하나님은 민족의 미래를 잉태하셨다.

◀**에서** : 잃은 축복을 슬퍼하기보다, 용서를 통해 더 큰 복을 완성하라.

◀**야곱** : 인간은 하나님을 붙잡는다고 믿지만, 사실은 그분이 나를 끝까지 놓지 않으셨다.

◀**라헬** : 하나님은 기다림의 빈자리를 외면하지 않으신다. 그분의 응답은 눈물의 그릇에 채워진다.

◀**레아** : 세상의 외면 속에서도 하나님의 시선은 언제나 나를 향해 머물러 있다.

◀**요셉** : 어둠은 빛을 가리지 못한다. 감옥은 나를 가두었으나, 하나님은 그곳에서 나를 자라게 하셨다.

◀**바로** : 인간의 결단 너머에 하나님의 설계가 있었다. 왕의 권력도 하늘 뜻 앞에서는 따를 수밖에 없었다.

- **모세** : 하나님의 부르심은 불꽃 속에서도, 침묵 속에서도 들려온다. 믿음은 불확실한 길 위에 놓는 한 걸음의 순종이다.

- **아론** : 내 연약함 속에서도 주님의 은혜와 회개의 향기가 나를 살게 한다.

- **미리암** : 흔들림 속에서도 하나님은 우리를 일으키신다.

- **바로** : 강퍅한 바로 앞에서도 주님의 뜻은 자유를 이루신다.

- **여호수아** : 두려움 속 광야에서도 하나님의 말씀은 꺼지지 않는 빛이 된다.

- **훌** : 믿음은 소리 없이 세워지는 돌기둥이다. 하나님은 그 조용한 손끝에서 역사를 이루신다.

- **브살렐** : 하나님은 인간의 손을 통해 보이지 않는 영광을 빚으신다. 작은 수고에도 그분의 빛이 머문다.

- **엘르아살** : 거룩은 감정이 아닌 책임이다. 하나님은 자신의 그림자를 꿰매는 자를 기억하신다.

- **갈렙** : 믿음의 나이는 세월이 아니라 시선에서 자란다. 하나님을 향한 눈이 젊을 때, 영혼은 늙지 않는다.

- **라합** : 하나님은 세상의 경멸 속에서도, 작은 믿음 하나로 구원의 문을 여신다.

- **드보라** : 칼이 아닌 말씀으로, 힘이 아닌 믿음으로 나 또한 오늘의 전장을 걸어간다.

◀**바락** : 순종은 검보다 무겁고, 믿음은 전장을 가르는 바람이 된다.

◀**기드온** : 하나님은 숨어 있는 자를 부르시고, 그의 두려움 속에서 빛을 일키신다.

◀**입다** : 입다의 서원은 인간의 경솔한 믿음을 비추지만, 하나님의 은혜는 그 무거운 문턱 위에서도 우리를 다시 세우신다.

◀**삼손** : 가장 큰 승리는 힘이 아니라, 무너진 자리에서 드리는 순종의 기도다.

◀**한나** : 하나님은 말보다 마음을 들으시고, 눈물보다 깊은 소원을 기억하신다.

◀**엘리** : 말씀이 떠난 자리에서도, 하나님은 무너짐을 통해 부르심을 새롭게 하신다.

◀**사무엘** : 침묵이 깊을수록, 주님의 음성은 더욱 또렷하게 들린다.

◀**사울** : 불순종은 칼이 되어 돌아온다. 내 안의 왕좌는 지금 누구의 것인가.

◀**요나단** : 오늘도 누군가의 그늘이 되어 하늘 아래 머무는 법을 배운다.

◀**다윗** : 내 마음 깊은 곳의 노래가 믿음과 회개, 찬양으로 다시 울려 퍼지길.

◀**밧세바** : 밧세바의 그림자 속에서, 하나님은 여전히 상처를 빛으로 바꾸신다.

◀**나단** : 하나님의 비유는 부드럽지만, 그 끝은 언제나 진실의 칼날이다.

◀**압살롬** : 압살롬의 그림자는 내 안의 교만을 비추며, 하나님의 눈물 속에서 비로소 사랑을 배운다.

◀**솔로몬** : 지혜는 하나님께로부터 오며, 마음이 겸손할 때 참 빛으로 임한다.

◀**르호보암** : 무거운 말은 상처를 남기지만, 겸손한 입술은 하나님 마음의 무게를 닮는다.

◀**여로보암** : 두려움이 만든 신은 언제나, 조용히 믿음의 자리를 밀어낸다.

◀**엘리야** : 하나님은 불의 장엄함보다, 속삭임의 고요 속에서 나를 부르신다.

◀**엘리사** : 하나님의 기적은 불의 번쩍임이 아니라, 은밀히 흘러들어 생명을 채우는 물결이다.

◀**이사야** : 하나님의 불은 죄를 태워 우리 입술을 진리의 등불로 새롭게 하신다.

◀**예레미야** : 예레미야의 눈물은 하나님의 사랑의 강물이다. 그 눈물이 흐르는 자리에서, 우리의 믿음은 다시 숨을 쉰다.

◀**에스겔** : 하나님의 바람은 죽음의 골짜기에서도 쉼 없이 분다. 믿음은 그 바람의 속삭임을 듣는 귀다.

◀**다니엘** : 믿음은 가장 깊은 어둠 속에서 더욱 또렷이 빛난다. 별을 본 자는, 어둠을 두려워하지 않는다.

◀**느헤미야** : 기도는 무너진 자리에서 시작된다. 나는 지금 무엇을 다시 세우고 있는가?

◀**에스라** : 율법은 돌에 새겨진 글이 아니라, 잊힌 마음 위에 다시 쓰여 지는 빛이다.

◀**에스더** : 두려움은 사라지지 않지만 믿음은 그 두려움을 이기는 다른 이름이다.

◀**모르드개** : 사람은 잊어도, 하나님은 기억으로 정의를 세우신다.

◀**세례 요한** : 사라짐은 끝이 아니라, 빛을 위한 가장 깊은 시작이다.

◀**마리아**(예수의 어머니) : 사랑은 품는 일로 시작해, 피 흘림으로 완성된다.

◀**요셉**(예수의 육적 아버지) : 말은 없었으나, 그의 침묵은 믿음의 불꽃이었다.

◀**시므온** : 기다림의 끝은 사라짐이 아니라, 빛이 품 안에 머무는 순간이다.

◀**안나**(여선지자) : 빛은 말하지 않는다. 그러나 기도하는 손이 그것을 엮을 때, 세상이 새로워진다.

- **헤롯** : 빛은 나를 흔들기 위해 오지 않았다. 나를 새롭게 세우기 위해 찾아왔다.
- **예수** : 그 손은 나를 향한 사랑과 구원의 길을 담고 있다. 내 삶도 그 손길로 새로워진다.
- **베드로** : 베드로의 그림자 속에서, 나는 내 믿음의 흔들림을 본다.
- **안드레** : 안드레의 조용한 기도 속에서, 나의 삶도 부르심에 따라 기도가 된다.
- **야고보** : 야고보의 불꽃 같은 믿음 속에서, 내 삶도 파도 속에서 흔들리며 끝없이 빛난다.
- **요한** : 십자가 그림자 속에서도, 나의 삶 속 기도는 빛이 되어 흐른다.
- **빌립** : 빛은 이해로 증명되지 않고, 살아내는 사랑으로 오늘 내 삶 속에서도 흐른다.
- **바돌로매** : 말하지 않아도 들리는 부름 속에서, 오늘 내 삶도 그분을 따라 빛난다.
- **도마** : 의심의 손끝에서도, 내 믿음은 삶 속에서 다시 지켜진다.
- **마태** : 부름 앞에서 나를 내려놓을 때, 내 삶도 마태처럼 순종과 헌신의 빛으로 빛난다.
- **알패오의 야고보** : 조용한 기도와 기다림 속에도, 빛은 오늘 내 삶 위에 흐른다.

◀**다대오** : 조용히 걸어가는 믿음 속에도, 다대오의 불꽃은 오늘 내 마음에서 빛난다.

◀**시몬 젤롯** : 분노를 내려놓고 믿음을 든 손끝, 오늘 내 삶 위에도 조용한 진동이 흐른다.

◀**가롯 유다** : 사랑과 배신 사이, 유다의 슬픔이 오늘 내 마음을 흔든다.

◀**마르다** : 분주함 속에서도, 손끝의 작은 헌신이 마음의 기도가 되어 하늘에 닿는다.

◀**마리아** : 말씀 앞에 잠시 머무르는 고요가 삶 속 모든 분주함보다 깊은 빛을 남긴다.

◀**나사로** : 한 번의 부르심이 내 마음의 어둠도 열고, 오늘, 그분이 내 이름을 부르신다.

◀**막달라 마리아** : 그분이 내 이름을 부르실 때 절망 속 나의 무덤도 생명으로 열립니다.

◀**삭개오** : 그분이 먼저 나를 보실 때 숨은 자리에서도 부르심이 내 마음을 열어 깨웁니다.

◀**니고데모** : 의심과 질문 속에서도 주님은 꾸짖지 않으시고, 믿음은 어둠 속에서 자랍니다.

◀**백부장** : 참된 권세는 말씀에 순종할 줄 아는 믿음에서 나온다.

◀**가야바** : 침묵이 때로는 지혜가 되지만, 진리 앞의 침묵은 죄가 됩니다.

◀**빌라도** : 진리는 물에 씻기지 않는다. 손을 씻은 건 물이 아니라, 그의 마음이었을지도 모른다.

◀**아리마대 요셉** : 조용한 순종은 하나님이 일하실 자리를 비워 두는 믿음입니다.

◀**바울**(사울) : 눈이 멀어야 보이는 길이 있다. 빛은 때로 우리를 넘어뜨림으로 눈을 뜨게 한다.

◀**바나바** : 잊히는 자리가 끝이 아니다. 그늘이 있을 때, 사랑은 자란다.

◀**실라** : 찬송은 닫힌 문을 여는 열쇠, 고난 속에서 하늘이 가장 가까워지는 순간이다.

◀**디모데** : 사랑의 말 한마디가 꺼져가던 믿음의 등불을 다시 켠다.

◀**누가** : 상처를 기록하는 손끝에서, 하나님은 오늘도 치유의 글을 쓰신다.

◀**아볼로** : 아볼로가 지혜와 은혜로 말씀을 세웠듯, 나의 흔들림도 그 빛 속에서 다시 길을 찾는다.

◀**브리스길라** : 하늘은 순서보다 마음을 먼저 부르신다. 사랑이 앞설 때, 그것이 곧 예배가 된다.

◀**아굴라** : 드러나지 않아도 괜찮다. 내 손끝의 섬김이 곧 예배가 된다.

◀**스데반** : 스데반이 본 하늘은 멀리 있지 않다. 두려움 속에서도 시선을 들어, 빛을 바라보는 내 안의 하늘이다.

- **빌립** : 광야는 길이 없는 곳이지만, 하나님의 부르심은 그곳에서 길이 된다.

- **고넬료** : 고넬료의 열린 마음처럼, 우리의 기도도 하늘을 향해 문을 여는 순간이 되기를.

- **아그립바** : 왕관의 빛이 눈을 가려도, 그림자 속에서 하나님은 여전히 나를 부르신다.

- **베레아 사람들** : 의심의 거울 속에서도, 하나님의 빛은 나를 더 깊은 믿음으로 이끈다.

- **데메드리오** : 무너짐은 끝이 아니라, 진리가 다시 세워지는 자리다.

- **사도 요한** : 요한의 눈에 비친 빛처럼, 믿음은 오늘도 내 삶을 새 하늘로 이끈다.

- **24장로** : 고요 속에 울리는 찬송은, 세상의 소음을 넘어 하늘의 심장에 닿는다.

- **일곱 교회 대표자** : 겸손히 무릎 꿇는 마음, 그 자체가 하늘의 문을 여는 열쇠다.